Marion Jana Goeritz

Grüne Traummusik

Bibliografische Information der Deutschen Nationalbibliothek:

Die Deutsche Nationalbibliothek verzeichnet diese Publikation in der Deutschen Nationalbibliografie; detaillierte bibliografische Daten sind im Internet über http://dnb.dnb.de abrufbar.

© 2019 Marion Jana Goeritz

Coverbild: Marion Jana Goeritz

Herstellung und Verlag: BoD – Books on Demand, Norderstedt

ISBN: 978-3-7392-4925-4

Herzlich willkommen liebe Leser,

Wenn wir Schatten überwinden, und Licht sich zeigt, gehen wir einen Weg, der unser Traum wohl ist. Gedankenwelt sprudelt in Gefühlsballons, Leben bunt.

Leben lässt Liebe leben, wenn Mut erwächst, das wir uns zeigen, wer und wie wir sind.

Grüne Traummusik erklingt im Labyrinth der Gefühle, und wer sich traut hineinzuhören, wird vielleicht belohnt. Und lauschen wir dem Spiel, spinnt die Welt Silberfäden grün. Singen sie von Heilung ?

Herzlichst
Marion Jana Goeritz

Traummusik,
du erklingst des Nachts so schön.
Ganz leise dein Ton,
doch überhörbar ist er nicht.
Erweckst in mir das,
was ich lange Zeit versteckt.
Fand in dir meine Reise
zu mir Selbst.
Und
spielst du des Nachts deine Melodie,
träume ich mich hin zu ihm,
und bleibe
bis das erste Morgenrot sich zeigt.

Weite in seinen Augen,
suchen nach dem,
was er noch nie gekannt.
Sie fangen ein
und geben es wieder frei.
Wärme in ihm, sie schien verloren,
doch er fand zurück zu ihr.
Unfassbares Glück in seinen Augen
werden ihr spiegeln, das sie es ist,
die er in seinem Herzen trägt.
Seine Arme werden weit,
sein Herz lebt durch sie.
Und im Gefühl der Liebe,
wachsen sie gemeinsam in der Welt.

Wo ist der Ort,
der uns geborgen hält?
Wo suchen wir nach ihm?
So manches schon gefunden,
und doch geht es verloren?
Weil das Gefühl es anders mag?
Welcher Stein wird rollen,
wenn wir uns vertrauen?
Welche Schatten ergeben sich
und vergehen im hellen Licht?

Grünes Licht am Horizont,
spielt mit den Wolken,
die vorüberziehen.
Entdecken wir
den Himmel neu für uns?
Lassen wir
unsere Gefühle einfach gehen?
Verlaufen wir uns,
oder finden wir den Weg,
der für uns bestimmt?
Die Sterne
singen immer wieder laut
und das Sonnenlicht fängt ein,
das was immer wieder kommt.
Der Tag wird ein anderer sein,
auch wenn wir ihn schon benennen,

denn wir werden zu uns stehen,
zu unseren Gefühlen,
sie brennen lichterloh.
Grünes Licht am Horizont,
wir haben dich gesehen
und fühlen du kommst immer näher.

Ertrankst im Meer der Einsamkeit,
viele Wogen hielten dich verborgen.
Doch du fandest zurück zum Licht.
Gehst nun auf Wegen,
die dich führen
und dein Blick fängt Sonne ein.
Dein Geheimnis ist nur noch klein,
und schon Morgen,
wird es einmal gewesen sein.

Vertrautes nah bei mir.
Alle meine Sinne sind wach.
Erhalten mich in meinem Sein,
finden so manches abenteuerlich,
doch
ich spiele damit im Mondenschein.
Träume aufgetaut,
sie leuchten weit.
Leben lässt es zu,
was in meiner Seele singt?
Und fängt sie die Liebe ein,
die für mich bestimmt?

Häusermeer, erschreckend hoch.
Manche Stunde
war unerträglich laut.
Doch was war in der Ferne?
Horizont erzählte nur leise,
bunte Felder sangen Weite,
doch du so nah.
Zeige mir mein Bild in dir,
und ich
werde es verstehen.

Glitzernde Bilder
in schöner Erinnerung,
fanden zurück zu uns.
Was wir auch fühlten,
wir sind es noch immer, nur neu.
Waren einst schon eng umschlungen,
trauten uns schon so viel.
Was wir auch immer wollen,
es wird wohl gelingen,
wenn wir
ohne endlose Kreise ziehen.

Suchte dich nie,
meine Seele gab nichts preis.
Warum, ich kann es nur erahnen,
und doch ist es das,
was ich nicht weiß.
Lief Wände hoch,
hielt mich selbst in Atem,
dein Gesicht hat sie mir gezeigt.
Falsches Tun
hatte mich so aufgewühlt,
mein Traum war nicht der,
den du geträumt.
Und
sehe ich mich im Mantel stehen,
fühle ich, mein Traum ist erlaubt.

Aus dem Licht gefallen
und noch liegst du mittendrin.
Finde nicht hinaus aus ihm,
es wird dein Retter sein.
Nebelwand legt sich neben dich
und wartet
auf nur einen falschen Schritt.
Halte aus und schau nach oben.
Sei mutig und steh auf.
Das Licht, es wird dich führen,
hinauf zu dir Selbst.

Weite in seiner Seele.
Den Spiegel vergessen?
Nein, ich bin da.
Seine Angst stand ihm
auf der Stirn geschrieben,
doch jeder Buchstabe aufgelöst,
im Gehen mit sich Selbst.
Er kann lieben, er fühlt es so,
und geht er weiter diesen Weg,
wird er auch belohnt.

Wenn die Welt nach Frieden ruft,
rufen wir nach Gefühlen,
die uns wecken.
Tauben fliegen hoch
durchs Himmelblau,
doch sie kehren zurück,
weil die Welt, dann Liebe lebt.

Du zeigtest mir,
das Gefühl deiner Seele.
Sie küsste mich in meinem Traum,
der von Liebe mir erzählt.
Ohne deinen Namen jedoch,
wog Angst so schwer.
Doch meine Gefühle waren stark,
das sie verloren ging.
Sah die Nacht vorüber ziehen
und
entdeckte am Morgen
jedoch nichts.
Und wenn die Welt von Perlen singt,
war es auch mein Lied.

Meine Spuren in deiner Brust,
sie zeigen dir,
es ist noch nicht vorbei.
Der Wüstensand in deiner Seele,
der so manches überdeckt,
habe ich einfach weg geschoben
und meinen Namen dir erzählt.
Manchmal weintest du des Nachts,
suchtest nach mir,
doch fandest nichts als Sand.
Du musst dich dafür nicht schämen,
auch ich war in dieser Gegend
schon.
Doch ich fragte mich einmal,
was ich wirklich mochte

und sah dann meinen Weg.
Deine Spuren in der Welt,
sie werden bleiben,
wenn du Liebe lebst.

Lass uns allein,
und wir träumen von dem,
was wir wirklich sind.
Berühre mich,
damit der Schmerz sich
für immer trennt.
Fühle mich an jedem Tag
und ich werde dich lieben
wohl für immer.
Sei mutig, geh in die Welt,
doch tanze nur mit mir.
Auch wenn andere dich sehen,
ich fühle,
nur ich sehe dich
wie du wirklich bist.

Unser Lachen verrät,
das wir unsere Liebe fühlen,
die wir uns schenken,
weil wir mutig sind.

Schillernder Silbermond
über fremden Land,
du reist von hier nach da.
Der Himmel, dein zu Haus.
Sag, wie ist es so am Firmament,
wenn du deinen Blick ihm schenkst?
Was tut er ohne mich,
ich wüsste es so gern.
Schreibt er manche Zeile,
überlegt er, ob er lieber spricht?
Manchmal
sehne ich mich so nach ihm
und erkenne mich selber nicht.
Silbermond über fremden Land,
was erzählst du mir von ihm,
bin ich ganz still.

Der Schlüssel meines Herzens,
ich habe ihn verloren.
Gab nicht acht
und plötzlich,
hatte er ihn in der Hand.
Sah sein Bild an manchen Tagen,
war sein Gefühl nur zu Besuch?
Alte Bilder hingen an den Wänden
und erzählten mir von ihm.
Das er sucht
und noch nicht gefunden,
was ihm so fehlt.
Und als ich am Fenster stand
und zum Garten sah,
fühlte ich, die Liebe war gemeint.

Große Tür
dich zieren Rosen rot, ganz viel.
Springst du auf,
darf er auch dahinter schauen.
Ein Beet aus alter Zeit
wird er entdecken.
Der Baum im Garten,
er lockt ihn mit seinem Traum
und sitzt er unter ihm,
an seine Haut gelehnt,
wird er sie empfangen, einfach so.
Atmet frische Morgenluft
und glaubt an seinen Traum,
der Großes ihm verspricht.
Glück ist so ein großes Wort,
das sich einfach schreibt.

Im Gefühl jedoch,
wird es noch viel größer sein,
und wenn es bleibt,
ist sein Traum erfüllt.
Sollte es nur
für diesem Moment lang sein?

Schreibst du deiner Seele,
Liebeslieder?
Singst du mit ihr,
bis alle Tränen der Nacht geweint?
Alte Bilder,
manchmal kommen sie wieder,
doch nur um zu sehen,
was geschieht, wenn du sie fühlst.
Kein Traum darf leben,
der so alt noch ist,
das es dich schmerzt.
Singe mit ihr an solchen Tagen,
wenn du sie fühlst
und wisse, ich denke an dich.

Federleichte Wolkenbar,
deine Theke, weiß wie Schnee.
Deine Gläser,
mit Rosen bunt bemalt.
Freie Wahl an jedem Tag,
ist nicht immer leicht.
Und der Wirt,
der hinter dir steht,
fühlt es gleich.

Das Gold in meiner Seele,
es lockt dich mit seinem Schein.
Wie kannst du mich berühren,
damit etwas davon
an dir haften bleibt?
Meine Seele hat es dir erzählt.

Auf deiner Reise,
was glaubst du gehört zu dir,
das dir schon begegnet?
Abenteuer aus dem Herzen,
und doch gibt es da wen,
den du liebst?
Deine Stimme ist so leise,
und an manchem Ort,
war sie auch schon laut?
In deinem Rucksack
nur dein Selbst?
Und wenn du dich schlafen legst,
fühlst du,
du musst zurück zu ihr ?

Ein buntes Puzzle auf dem Tisch.
Die Stücke, sie passen jedoch nicht.
Setze mich
und finde ein Gefühl dafür.
Es gehört nicht mir, es ist deines.

Die dunklen Farben,
sie drehten sich hell.
Die Nacht sternenklar
und am Horizont ein Silberlicht.
Der Glaube an die Liebe,
lebt in ihm
und es ist der Tag schon nah,
da gewinnt er sie,
mit allen ihren Träumen,
die auch seine sind.

Unsichtbares Netz,
ich verspreche nichts,
doch wäre es mir lieber,
er wüsste von dir.
Deine weiten Arme langen
nach ihm, in mancher Nacht.
Er weiß so viel.
Doch weiß er es nicht mehr?
Was wird geschehen,
wenn dein Arm zu kurz für ihn?
Manches Mal
erschrak ich mich
und meinte
ihn schon nicht mehr zu sehen.
Was, wenn sie seine Liebe ist?
Und ich vergessen bin?

Klare Sternennacht in mir.
Alle Gefühle geklärt, schön wie nie.
Nur ein Tanz mit ihm,
bringt mich an den Rand,
der mich fallen lassen kann.
Doch die Musik,
sie spielt noch nicht
und von ihm, nichts zu sehen.
Gedanken abgestellt,
und meine Welt,
sie dreht sich wieder.
Was der Morgen auch verspricht,
kann es denn Lüge sein?

Die Träume meiner Seele,
erzählen mir nichts von ihnen,
meine Träume schwingen hoch.
Sehe die Schönheit in ihrer Farben
und schau ins Abendrot.
Warte nicht mehr auf dein Zeichen,
gehe meine Schritte mutig los.
Vielleicht,
leuchte ich manches Mal allein,
doch ich hoffe,
auch das wird belohnt.
Herz schreit nach Liebe immer zu,
doch warte ich auf dich,
bin ich tot.
Erklimme die Leiter,

die mir Gutes zeigt,
und gehe auf ihr einfach weiter.
Erkannte mich bereits im Gehen,
und ich weiß ich leuchte,
denn sonst
hättest du mich nicht gesehen.

Wellenklang im Ozean der Träume.
Sie erzählen kunterbunt.
Wege führen durch ihre Gärten,
und geht ein Traum
auch mal verloren,
wird er wiedergefunden.
Manche Welle groß und forsch,
eine andere fließt ganz sacht.
Gefühle
leben hier schon seit langer Zeit,
und schwimmt einer auch
im kühlen Nass,
sein Traum
ihn doch gefangen nimmt,
wird es kein Perlentaucher sein.

In der Welt der Herzen,
sind wir da alle gleich?
Findet sich in uns eine Spur,
gehen wir ihr nach?
Lässt uns ein Gefühl auch los,
wenn es mit Herz uns erzählt?
Ist die Freiheit,
die Schwester der Liebe?
Und was wäre,
wenn wir gestehen,
was wir wirklich fühlen
füreinander?
Ich wüsste es so gern.

Farbenlicht und Herzenswind,
finden sich in einer Welt,
die Schönes nur verspricht.
Mein Schlaf
wird durch deine Liebe
gut bewacht,
und ruhst du aus, fühle ich dich.
Du bist ein Teil
meines Seelenlichtes,
du scheinst weit in die Welt.
Und
wenn ich dich nicht kennen würde,
wäre ich nicht glücklich.
Mein Gefühl hält fest
an deinem Namen.
Dein Gesicht, ich sehe es so oft.

Die Welt ist groß,
doch wir fanden uns,
Denn deine Seele
zog sich an mich heran,
die Zeit verging so schnell,
weil sie Liebe sprach.

Das wollte ich nie tun,
und doch ist es geschehen.
Verletzte dich, Seelentief.
Meine Angst war zurück,
ich könnte mich
wieder nicht mehr sehen,
doch es blieb aus.
Und ich weiß auch,
du hast es nicht gewollt,
das ich so weinen musste.
Deine Angst wohl groß,
nicht zu vertrauen,
dabei wünschte ich es mir so.
Sind es die Erinnerungen in uns,
die uns trafen ,
und ihre Pfeile wogen schwer

in unserer Seele?
Doch bin ich mutig
nach vorn zu sehen ,
und ich sehe ein Wir.
Wünsche mir,
du könntest verzeihen,
ich bitte dich darum.

Manchmal scheinst du so weit weg.
Dein Herz,
ich höre es nicht mehr sprechen.
Mein Vertrauen
singt zu Boden an solchem Tag,
doch weiß ich auch, es ist nicht gut.
Manchmal scheinst du mir zu sagen,
das dein Traum,
eine andere Sprache spricht
und es schmerzt mich,
weil ich mutig bin, auch ohne dich.
Verstehst du mich?

Wenn dein Gefühl
mit dem meinem zu schlafen,
wahr ist,
warum hältst du dich
im Verborgenen?
Es hatte mich so beleidigt,
weil ich es nicht zugelassen hatte,
und es tat mir weh.
Was hält dich ab, mir zu sagen,
was es mit dir wirklich macht,
das Lieben?
Wünschte du hättest endlich
den Mut es zu tun,
damit wir vorwärts gehen können,
wie auch immer.

Meine Träumereien
schweben in der Welt,
die für mich gemacht,
du hast sie gesehen
und gibst auf sie acht.
Deine Farben strahlen auch,
doch du hältst sie fest,
sie gehen auf keine Reise.
Wo hast du
diese Farbenpracht nur her?
Weshalb lässt du sie nicht fliegen?
Sie erzählen doch so viel.
Dein Herz auf der Suche
und du hast einen Plan.
Wer dich wirklich liebt,

nimmt auch deinen Schatten an.
Und nur dieser Mensch
wird von dir belohnt?

Niemals mehr zurück,
das Land vor mir entzückend grün,
Heilung es verspricht.
Und wenn ich einmal nicht mehr bin,
fällt meine Asche auf dieses Land.
Süßes Geigenspiel, nur für mich,
hält die Nacht
mit ihrem Schatten auf,
heller Tag ,ich fühle dich.

Im Labyrinth ein Zauber,
der die Welt in uns
durcheinander bringt.
Was im Gestern noch laut,
heute spricht es leise nur ein Wort.
Unsere Seelen
wohnen im Haus der Liebe,
unsere Gefühle,
Wimpernschläge auf und ab.
Geschlafen im Schattenwald,
doch das nahe Grün, weckte uns auf
und wir lieben uns,
im Zauber des Labyrinths.

Ist deine Reise, ohne Halt?
Rufe, die deinen Namen sprechen,
hörst du sie?
Jeder kann doch Liebe leben,
wenn er nur seine Seele liebt.
Ist dein Rucksack leer,
oder hast du sie im Gepäck?

Deine Füße
tragen dich durch eine Welt,
die sich dreht im Weltenall.
Und du drehst dich einfach mit?
Hast du deinen Weg gefunden,
oder suchst du noch nach ihm?
Deine Füße schmerzen sie,
ruhe aus und halte inne,
denn die große Welt,
ist morgen auch noch da.
Nur ich werde auf ihr
wo anders sein,
denn auch ich bin auf meiner Reise,
nur drehe ich mich nicht mehr.

Teilst du deine Liebe,
wirst du fühlen, sie wird mehr.
Wen auch immer du liebst,
werde ich bleiben?

Kerzenschein

entzündet ein Gefühl in mir.

Lässt mich reisen durch die Nacht,
ohne Angst.

Schenkt mir Hoffnung

und frage ich nach dir,

ist die Antwort "Alleine."

Zeichen folgen

und tragen Licht in sich,

der Glaube an mich ist stark.

Der Glaube, du erwecktest mich,
hat noch nicht gefruchtet.
Viel mehr war es wohl so,
das du geschlafen hast?
Der Traum vom Fliegen,
ihn gibt es nicht mehr,
hast mich übersehen.
Mein Herz sah zu spät,
deine Liebeleien
und deshalb
ist es kein Traum von mir mehr.
Doch,
wenn ein Band der Freundschaft
daraus erwachsen kann,
bin ich vielleicht dabei.

Nur einmal noch
das Licht in deinen Augen
glänzen sehen, bist du bei mir.
Was gäbe ich darum,
dich sprechen zu hören.
Licht in deiner Seele,
erzählt es noch von Liebe?
Und,
wenn ich mich verschlossen halte,
wächst deine Liebe
über dich hinaus?

Goldener Ball,
der sich im Meer auflöst
wie kein anderer,
dein Licht verglüht,
doch
kommt es jeden Morgen wieder.
Deine Heimat schwerelos,
schwebst einfach
so im großen Haus
und hast viele Brüder,
die wir noch nicht gesehen.
Tränen kannst du trocknen,
werden sie geweint,
und bevor

wir sterben an Einsamkeit,
spendest du uns Wärme
wo auch immer wir sind,
damit wir wieder leben.

Ich bin gestartet, habe Mut,
fahre durch die Welt.
Lass mich treiben einfach so
und habe festgestellt,
die Liebe kommt einfach so,
auch,
wenn du nicht mehr daran glaubst.

Die Tür zu meinem Herzen,
meist offen.
Rosen ranken sich hinauf zum Licht.
Anschauen darf sie ein Jeder,
doch Eintritt
gewähre ich nur einem,
der mein Rätsel löst.
Der Schlüssel,
aus Eisen ist er nicht,
doch
dreht er sich im Schloss
immer links herum.
Und steige ich die Stufen hinauf,
ist es der Himmel nicht.
Erzähle ich in grüner Farbe,
meine ich den Garten nicht.

Kennst du des Rätsels Lösung nun?
Dann schließe ich
mein Herz auch für dich auf.

Es lebt in mir, seit ein paar Tagen
und ich fühle die Antwort schon.
Es wäre falsch,
die Liebe mit dir zu leben,
lieben wir uns auch.
Denn dein Herz
gehört nur ihm allein,
den, den du noch nicht kennst.
Und
macht es uns vielleicht
auch traurig heute,
morgen werden glücklich sein.
Doch vertrau darauf,
ich werde immer
irgendwie bei dir sein,
tut es mir nicht mehr weh.

Einsamkeit dunkle Farbe,
wechselt
in ein Sternenkleid der Nacht.
Glitzernd schön strahlt es weit,
vom Mondenschein bewacht.
Gestern ist weit und das Morgen
trägt noch das Sternenkleid.
Und drehen wir uns,
fällt der Mondenschein
auf unsere Seelen.
Spiegelt sich im tiefen Wasser
und zeigt das Licht,
das auf uns wartet,
wenn wir uns trauen eins zu sein.

Am Bach, Sinfonie des Wassers.
Sie klingt zum Träumen schön.
Alle meine Bedenken,
gehen auf Reisen mit Musik.
Stell mir vor, du bist hier
und tanze schon im grünen Kleid.
Deine Fragen finden eine Antwort,
wenn du sie mutig stellst.

Komm und lass uns fliegen hoch,
zum Himmelszelt,
frage nicht, doch liebe,
alles ist erlaubt.
Fallschirm bunte Farbe,
schwebt zum Himmelsrand
und ich glaub, ich träume,
doch du bist der Mann,
der meine Seele küsst.
Und gehe ich einmal verloren,
du holst mich zurück.

Deine Schönheit, sie spricht Bände,
jedoch sah ich sie nicht gleich.
Etwas lag darüber,
was war das nur gleich?
Schaust du in meinen Spiegel,
erfreut dein Herz sich regt,
ich fühle es ganz deutlich,
du bist belohnt.

Von Marion Jana Goeritz ebenfalls beim Verlag BoD erschienen (BoD Books on Demand, Norderstedt, nähere Informationen finden Sie unter www.BoD.de)

„Liebe für die Seele Band 1"
ISBN 978-3-7357-4045-8

„Liebe für die Seele Band 2"
ISBN 978-3-7357-7734-8

„Seelenweiß"
ISBN 978-3-7347-5769-3

„Seelen essen Liebe gern"
ISBN 978-3-7347-8706-5

„SeelenEngel"
ein spiritueller Erfahrungsbericht
ISBN 978-3-7386-2588-2

„SeelenSchlüssel"
ISBH 978-3-7386-3844-8

„Seelenfarben"
ISBN 978-3-7386-3947-6

„Seelenschimmer"
ISBN 978-3-7386-4014-4

„Seelenfinden"
ISBN 978-3-7386-4037-3

„Ein Gefühl meiner Seele"
ISBN 978-3-7386-1506-7

„Seelenfrieden" Danken, Bitten, Entspannung ein persönlicher Erfahrungsbericht
ISBN: 978-3-7386-4884-3

„Seelenweihnacht"
ISBN: 978-3-7386-5616-9

„Im Land unter dem Regenbogen" Wunderbare Märchen und unglaubliche Geschichten
ISBN: 978-3-7392-0115-3

„Freddy und seine Geschichten"
ISBN: 978-3-7386-3321-4

„SeelenWorte"
ISBN: 978-3-7392-0455-0

„Herzanker"
ISBN: 978-3-7392-3482-3

„Im Fluss der Liebe"
ISBN: 978-3-7392-3489-2

„Seelenklänge"
ISBN: 978-3-7392-3532-5

„Liebeslied"
ISBN: 978-3-7392-3548-6

„Wahre Traumtänzerin"
ISBN: 978-3-7392-3556-1

„Emilia Sommerfeld"
ISBN: 978-3-7392-3787-9

„Für mich war es Liebe"
ISBN: 978-3-8423-5362-6

„Kaleidoskop"
ISBN: 978-3-8423-5738-9

„Die verzauberte Wiese"
ISBN: 978-3-7412-0772-3

„Seelenbrücke"
ISBN: 978-3-7412-0890-4

„Wetterleuchten"
ISBN: 978-3-7412-2740-0

„Zentrifuge"
ISBN: 978-3-7412-4011-9

„Für Dich"
ISBN: 978-3-7412-4018-8

„Hannos Geschichten"
ISBN: 978-3-7412-9373-3

„Das Eulenherz"
ISBN: 978-3-7431-0009-1

„Eine Reise irgendwo hin"
ISBH: 978-3-7421-0042-8

„Ist das wirklich wahr?"
ISBN: 978-3-7431-1549-1

„Stille Momente"
ISBN: 978-3-7431-1586-6

„Engelszwirn"
ISBN: 978-3-7431-1594-1

„Anders"
ISBN: 978-3-7448-3582-4

„Wenn es spricht"
ISBN: 978-3-7448-3583-1

„Jonas und die Himmelsleiter"
ISBN: 978-3-7448-5452-8

„Farbenregen"
ISBN: 978-3-7448-5453-5

„Wellenfarbe"
ISBN: 978-3-7448-7311-6

Blanchefleur
ISBN: 978-3-7448-7415-1

„Winterzauber"
ISBN: 978-3-7448-9885-0

„Seele was denkst du dir?"
ISBN: 978-3-7448-9937-6

"Der Südwind
der aus dem Norden kam"
ISBN: 978-3-7448-8206-4

"Erinnerungsblick"
ISBN: 978-3-7460-1281-0

„Mosaik" Gefühle und Gedanken
Gedichte
ISBN:978-3-7460-1320-6

„Begegnung"
ISBN: 978-3-7460-9595-0

„Sternenozean"
ISBN:978-3-7460-9685-8

„Himmelsstern"
ISBN: 978-3-7528-5012-3

„Mut verspricht Lebendigkeit"
ISBN: 978-3-7528-5071-0

„Liebeswort-Gedichte"
ISBN: 978-3-7528-6639-1

„Wenn Schiffe wandern"
ISBN: 978-3-7528-6655-1

„Bunte Federstriche" Gedichte
ISBN: 978-3-7481-0960-0

„Himmelblau und Sonnenreich"
Tierseelengeschichten
ISBN: 978-3-7481-3289-9

„Durchreisen"
ISBN: 978-3-7386-5903-0

Weitere Informationen zu Neuerscheinungen finden Sie immer auf meiner Seite

www.buchkaleidoskop.Reikipraxis-Goeritz.de